艺之链——儿童链式美术创新课程丛书

刀 痕 版 味

朱敬东　主编

朱敬东　徐亚琴　邱 萍 著

中国美术学院出版社

责任编辑：郑亦山
装帧设计：戎选伊
责任校对：杨轩飞
责任印制：毛 翠

图书在版编目（ＣＩＰ）数据

刀痕版味 / 朱敬东，徐亚琴，邱萍著. -- 杭州：中国美术学院出版社，2018.3
（艺之链：儿童链式美术创新课程丛书 / 朱敬东主编）
ISBN 978-7-5503-1650-8

Ⅰ．①刀… Ⅱ．①朱… ②徐… ③邱… Ⅲ．①美术课－小学－教学参考资料 Ⅳ．①G623.753

中国版本图书馆CIP数据核字(2018)第048851号

刀痕版味

朱敬东 徐亚琴 邱萍 著

出 品 人：祝平凡
出版发行：中国美术学院出版社
地　　址：中国·杭州市南山路218号 / 邮政编码：310002
网　　址：http://www.caapress.com
经　　销：全国新华书店
印　　刷：浙江海虹彩色印务有限公司
版　　次：2018年3月第1版
印　　次：2018年3月第1次印刷
印　　张：4
开　　本：889mm×1194mm　1 / 16
字　　数：78千
图　　数：572幅
印　　数：0001－5000
书　　号：ISBN 978-7-5503-1650-8
定　　价：40.00元

艺 之 链

——儿童链式美术创新课程丛书编委

主　编：朱敬东
副主编：邱兴雄 冯国健 杨 勇

编委会：

顾红源	周士军	徐亚琴	邱 萍	陆丽梅
潘筱红	岳晓燕	顾巧明	沈中良	屠园中
彭晓宁	汤丽英	李 萍	刘婷婷	

《刀痕版味》特邀作者

朱永强 王晓华 胡伟燕 胡春浩

参与学生名单

曹佳怡	曹梦婕	曹玮丹	曹怡佳	陈安迪
陈 诺	陈 恬	费欣雨	冯骏扬	戈薇薇
顾文钧	顾闻新	顾筱雅	韩 瑞	洪妍鑫
黄佳怡	黄昕芸	黄一炜	黄子俊	金 皓
金祉谊	李肖萍	李玉萍	李赵瑜	廖登彩
刘雅欣	鲁佳依	陆嘉怡	陆思怡	马星雨
任海佳	沈茜茜	王 瑶	王 琪	王鑫睿
王轩昂	韦育畅	温永海	吴慧玲	徐琛一
徐家宜	徐欣妍	徐学超	许佳圆	许 彤
许欣怡	许懿瑶	应杨鸿	俞 静	张蓓蓓
张 静	张雨晴	郑启业	周财力	周依婷
庄和艾				

前　言

　　当我们用眼睛感知世界万象，或感慨，或激昂，或开怀，或痛哭，而或在简单的物象中看不到什么！"看"只是一个行为表象，其真实的意义在于从"看见"走向"看懂"和"看好"。格物致知，托物寄情，在文化的视域中明了和浸润，艺术才是打开"看"的钥匙密码。

　　艺之链，引发孩子们触摸材料、感受生活、创生艺术、滋润心灵、承传文化。艺之链，连接艺和童，让高雅的格调走近童心的浪漫，在黑白互融、珠璧交辉间读懂艺术的表白，刀痕之间，继了一份纯真；乡材之中，承了一份天地；牛仔之语，唤了一份心情；沙画之言，醒了一份情愫；泥土之兴，创了一份思维；纸浆之趣，新了一份境界。

　　艺之链，七个主题，映射着别样的域境与心境，融洽着每一个团队的心和梦，成就着每一群烂漫儿童的艺术天空。

　　艺之链，七个主题，流淌着别样的气息和声息，融合着每一位老师的承与创，集聚着每一种传统文化的精神力量。

　　艺之链，恋此艺！

朱敬东于 2018 年 3 月

目　录

运用传统纹样的元素进行窗的设计，感受窗文化的独特魅力。

窗边的奶奶

江南花格木窗，装饰风格多以细棂条拼成纹样，或清雅秀丽，或繁复精细。在这样的窗边，挂上一串灯笼、摆上一盆盆栽，或静静地感受窗边的人来人往……都别有一番味道。顾筱雅小朋友创作的《窗边的奶奶》，让我们感受到了勤劳的江南人生煤炉的瞬间，画中的奶奶摇曳着手中蒲扇，冒出缕缕白烟，黑白互融的色彩把这一切表现得淋漓尽致。孩子们好奇地趴在窗边感受着，窗里窗外，好一幅温馨的画面！

说一说

你还在哪里见过这样的木窗？它给你留下了怎样的印象？

七月流火　版画　徐建

方法一：剪贴法

①用剪好的纸条拼贴出窗花纹。

②滚墨拓印。

③染色。

④装饰。

方法二：撕刻法

用刻刀在涂好底色的瓦楞纸板上双线刻出窗花纹，撕去表面红纸。

小·提示：

　　可先剪贴或撕刻出一个主纹，然后再运用穿插、重复、对称等方法丰富窗花纹

学生作品

学习建议：

　　用剪贴法或撕刻法创意表现一扇花格木窗。

①制作底版。

②滚墨。

③版画机拓印。

④完成作品。

小·提示:

可以在窗里窗外添加灯笼、花瓶、动物、人物等景，展现窗边别样的风景。

方法1：红宣单色拓印。

方法2：白宣混色拓印。

方法3：底版水粉上色。

学生作品

红灯笼

打陀螺

小·提示:

同一主题通过改变拓印纸张、色彩等方式，也会有意想不到的效果哦！

评价建议:

1. 能用剪贴或撕刻的形式表现一扇花格木窗。

2. 通过添加灯笼、花瓶、人物、动物等窗边风景，表达窗边的故事。

童言童语

通过纸版画的创作，我了解了很多花格木窗知识，现在每当我走进江南古镇，都会情不自禁地去寻找这些精美的建筑装饰，然后摸一摸、看一看，细细品味。

——邱煜艳

第二课　门钹古韵

了解门钹文化，学习用纸版画表现门钹的古韵，感受其蕴含的意义。

古朴的门钹，叩响岁月的记忆，展现了中国古典建筑构件无穷的魅力，成为了门上一道独特的文化风景。庄和艾小朋友用纸版画的方式创作的作品，不仅向我们展现了门钹文化的历史沉淀，更让我们仿佛看到了当年丝路繁荣的景象，仿佛听到了达达马蹄声叩响世界门环的袅袅余音。

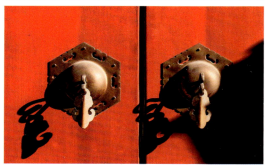

说一说

你还知道哪些叩响世界门环的中国优秀传统文化？

丝绸之路　司马汉

小·知识：

门钹是由铁或铜所制的一种建筑构件，具有实用与装饰的功能，对称安装在大门的左右，由底座和挂件两部分构成。它造型精巧多变，且融美好、平安的生活期待于丰富的图案装饰中。

①门钹造型的创作。　　②分色滚墨。　　③牛皮纸拓印。

小·提示：

　　背景可尝试在瓦楞纸版上滚墨，也可将纸版局部撕掉滚墨，以此表现门的肌理效果。

小·提示：

　　门钹创作时可以先剪出外形，然后再进行细节的添加，传统花卉纹、云纹等都可运用到细节的装饰中，彰显门钹的寓意。

学生作品

①创作骆驼、人物等活版。

②拼摆组合。

③分色滚墨。

④完成拓印。

学生作品

小·提示：

　　创作的骆驼、人物等活版可以相互交换，组合成不同构图效果的画面，表现不一样的情感。

童言童语

　　第一次尝试门钹的创作，刚开始觉得无从下手，但当我了解了门钹的基本特征后，通过一步步的分解创作，很快就创意了一个像花瓶一样的门钹。同时门钹与丝绸之路的创意结合，更让我对门钹文化的寓意有了新的理解。

——曹梦婕

丝路上的故事

评价建议：

　　1. 学会用纸版画创作一个门钹，并说说门钹的文化寓意。
　　2. 尝试融合丝绸之路等历史文化，表现富有内涵的门钹之韵。

第三课　幸福家门

欣赏传统门饰，学习用剪贴纸版画的方法表现幸福家门。

　　家是心灵温暖的港湾，在自己的家门口，每个人都有着幸福美好的故事和回忆。小朋友们合作创作的这幅《幸福家门》，让我们不仅感受到了隔扇门在中国古建筑装饰中的独特魅力，还让我们仿若置身于逢年过节的快乐中。画面热情温暖的红色，更渲染了家的幸福，把我们带进了亲情的和谐世界。

莫氏庄园

讨论角

说说自己家门口的幸福事！

想一想

　　走进这样的大门，你有什么感受？你能在门上找到怎样的传统纹样？

上框档
透顶板
门格子
直门框
门腰板
下框档

①设计图稿。

②剪门框。

③创作花纹。

④滚墨拓印。

⑤装饰完成。

小·提示：

　　门拓印后，可以添加春联、灯笼、鞭炮等作为装饰。

学习建议：

　　创作一扇隔扇门，拓印完成后可用春联、福字等装饰，也可直接组合展示！

作品组合

学生作品

①创作人物、灯笼等门前景物。

②滚墨拓印。

③剪下人物。

④组合装饰。

小·提示：

完成的作品也可通过卷等方法，创作成立体装置作品。

学生作品

童言童语

一个个人物、一串串中国结、一幅幅对联、一扇扇门……一张张小作品拼拼摆摆贴贴就创意出了幸福家门的故事，喜欢这样的纸版课堂，动手又动脑，趣味十足，每当呈现出大幅纸版画时，满满的成就感。——王鑫睿

评价建议：

1. 学会用纸版画创作一扇隔扇门。

2. 尝试添加春联、中国结、人物等场景丰富画面，表达幸福家门。

3. 采用分层拓印、组合拼摆的方法来表现温馨快乐的画面。

第四课　椅子风韵

> 了解椅子的结构，感受椅子背后的文化，学习用纸版画表现椅子的故事。

欢迎你，朋友

古老的椅子在岁月洗练下凸显出高古之美。每一把椅子不仅见证着时代生活的变迁，还都承载着暖暖的生活故事。李玉萍小朋友创作的作品，表现了家里来客人时，主人起立相迎的瞬间，画面温馨而甜美，暖暖的色调传递着幸福的声音。

韩熙载夜宴图中国画（局部）
南唐　顾闳中

小·知识：

　　明式椅子造型淳朴清雅，结构严谨，以线为主，气韵生动。清式椅子造型浑厚庄重，注重装饰，富贵华丽。

说一说

这些椅子有哪些相同点和不同点？

官帽椅明式榉木

扶手椅清式红木

太师椅清式楠木

圈椅明式黄花梨

想一想

你看到这样的场景，有怎样的感受？坐上这样的椅子，又有怎样的体会呢？

步骤

①设计椅子基本造型。

②剪出基本造型。

③创作细节。

④滚墨拓印。

⑤书写感受。

小提示：

　　椅子拓印成功后，可以把自己创作椅子的经历、感受用毛笔书写在作品上，作为背景装饰，丰富作品。

学习建议：

　　用纸版表现一把有中国古典风格的椅子。

学生作品

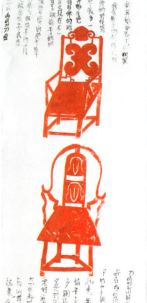

小·提示：

一把椅子记录着一个故事，每一把椅子呈现着不同的风景，将椅子边的人物、摆设制成活版，展现不一样的故事情节。

学生作品

休闲的下午

古老的椅子

古风清韵

快乐的星期天

我的小书房

童言童语

椅子这种平常的家具，原来藏有这么多的文化密码，看着自己创作出的椅子作品，仿佛也让我感受到了它悠远的历史和精湛的技艺，真想拥有这样的一把椅子啊！

——徐家宜

小·提示：

拓印完成的作品，可以尝试在作品反面染墨、染色。

评价建议：

1. 学会用剪贴纸版画的方式表现一把椅子。

2. 通过添加表现椅子边的景象，感受椅子文化。

3. 尝试在作品反面染墨、染色的方法表现椅子独特的韵味。

观察石桥特征，用纸版画表现石桥沉重、厚实的韵味。

清风春意伴悠闲

横跨在岁月的河流上，谦卑地迎来送往。那一块块青石板，历经百年甚至千年的历史沧桑，似心灵的纽带，架起了乡土情谊。走进水乡，每一个过客都会在石桥上留下难忘的痕迹。张雨晴小朋友的作品展现了江南春意盎然的景象，表现出和谐与恬静，石桥斜跨中央，联接着无边的情谊，淡淡的绿意更增添了江南的诗意。

说一说

江南石桥给你留下了怎样的印象？你能谈谈自己在石桥上发生的见闻吗？

步骤

①剪出桥身。

②拼贴出栏杆等细节。

③滚墨。

④拓印。

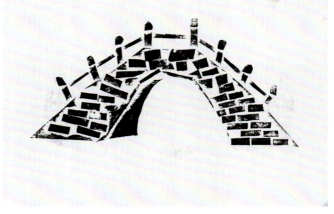

⑤完成作品。

小·提示：

桥洞的造型可以多种多样，用纸块堆积的方法表达石块的质感，拓印时也可以将桥组合起来。

学生作品

学习建议：

走进江南石桥，感受石桥的独特韵味，用纸版画创意表现一座石桥的厚重感。

学生作品

童言童语

　　一张一张的牛皮纸承载着我的想象，拼拼摆摆就创作出古老的石桥。我想象着自己与石桥的故事，一张有趣的作品就这么诞生了！

——周依婷

评价建议：

　　1. 学会用纸版画创作石桥，并说说自己走上石桥的感受和故事。

　　2. 尝试用麻布来拓印，表达石桥的古朴意象。

　　3. 初步用晕染等技法丰富画面的意境。

竹韵悠悠，匠心独具。每一个竹篮承载着人民的生活，传承着竹篮文化，飘洒着浓浓的乡味。许懿瑶小朋友的作品，画面主体突出，人物面对面亲切交流，再现了和妈妈一起上街买菜的亲情画面，母女间的挚爱尽在竹篮间传递。

我和妈妈去买菜

小·知识：

竹篮，一种以竹为主要原料的民具用品，功能完备，用途广泛，编织技艺多样，形状各异，民俗文化意义蕴含于造型、纹饰、色彩等方面。

说一说

你见过怎样的竹篮？竹篮与人们的生活息息相关，我们提着竹篮去干什么呢？

步骤

①编织纸条。

②创作竹篮。

③滚油墨。

④拓印。

⑤剪贴组合。

⑥装饰背景。

小·提示：

　　创作竹篮时除了运用纸条编织的方法，还可以运用麻布等有肌理的材料直接剪贴。

学习建议：

　　收集竹篮，感受竹编艺术，用编织、剪贴等方法创作纸版竹篮。

学生作品

步骤

①创作主体人物。

②穿插背景。

③滚墨拓印。

想一想

如何生动表现人物的动态?

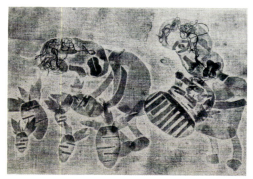
拔萝卜

菜篮子

学生作品

小·提示:

1. 可利用毛线、麻线等乡土材料制作头发等局部。

2. 可用麻布等特殊材料在版画机上拓印。

评价建议:

1. 学会用纸版画创作竹篮,并通过人物情境的添加传递竹篮浓浓的乡情。

2. 尝试用麻布、毛线等乡土材质进行纸版画的综合创作,表达我与竹篮的浓浓情结。

童言童语

玩转手中的牛皮纸、麻布、毛线……一个个独一无二的竹篮就在我们的手中创作出来了,想象着提着竹篮和妈妈一起买菜的情景,甜美至极!
——许懿瑶

割草

竹篮的记忆

第七课　妙趣茶壶

茶，解渴清心，以品为上。茶席，清雅素丽，似淡而实美。金皓小朋友用质朴的纸版画技法，向我们展现了一个雅致的喝茶空间，茶席上，泡茶器、匀杯、茶杯、插花器等器具的摆放，疏密有致，顾盼呼应，使茶席富有生气和韵律美。同时，画面运用了深远沉静的蓝色，更为茶席静谧幽美的格调锦上添花。

想一想

你认识茶席上的这些器具吗？坐在这样的环境中喝茶，你会是怎样一种心境？

茶韵幽香

说一说

说说这些茶壶的设计有什么特别的地方？你还见过怎样别致的茶壶？

小知识：

茶席一般指泡茶和喝茶的茶台。茶席设计以茶汤为灵魂，茶具为主材，与插花等艺术形式相结合的茶道美学空间。

19

步骤

①创作基本形。

②花纹装饰。

③滚墨。

④拓印。

⑤剪下茶壶。

⑥装饰组合。

小·提示：

　　可以用蓝印花布等特殊材料进行背景装饰，丰富画面。

学生作品

学习建议：

　　创作表现一把有特色的茶壶，表达主人的审美追求。

20

步骤

①创作茶席摆设。

②拼摆组合。

③黏贴固定。

学生作品

评价建议：

　　1. 欣赏生活中有特色的茶壶，感受茶壶别致的造型。

　　2. 用纸版画的形式创作一把茶壶，表达主人的审美追求。

　　3. 了解茶席的布置，学会用纸版拼贴的方式创作茶席，表达茶道的美学意境。

童言童语

　　煮水器、泡茶器、茶杯、匀杯、茶托、插花器……原来喝茶有那么多的器具。一个个器皿在我的创作下完美收工，在老师的指点下，我有模有样地布局着、拓印着，也呈现了一个雅致茶席，坐在这里静心细品，定能享受茶的清香。

——沈茜茜

21

第八课　茶馆温情

感受老茶馆的故事，学习用纸版画表现茶馆的暖暖情谊。

人们常以茶会友，在喝茶之余畅谈世界，关注社会，在江南水乡，茶楼茶馆处处可见。庄和艾小朋友的《茶馆闲趣》生动地表达了茶馆一角的情形。在色彩浓淡的变化中，感受着茶馆里烟雾缭绕的闲趣生活，小朋友用薄印的方法，恰如其分地将这种意境展现得淋漓尽致。

茶馆闲趣

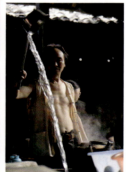

茶馆系列　陈安健　油画

说一说

茶馆里的人形象生动、姿态各异，说说这些人物的特征。艺术家表现了茶馆里怎样的情节？你还了解哪些茶馆趣事

①剪出人物基本部位。　②拼摆出动态。　③创作细节。

小·提示：

　　创作茶馆人物时，注意茶馆里的人脸部特征的夸张表现。

学生作品

①创作主体人物。

②拼摆组合成故事情节。

③完善底版。

学生作品

评价建议：

1. 感受生活中茶馆里的故事，交流对茶馆场景的感受。

2. 学会用纸版创作有趣的茶馆人物，注意表情和动态的夸张。

3. 尝试用薄色印制的方法表达茶馆生动的意境。

童言童语

茶馆里的老人姿态各异，聊天、下棋、抽烟……创作着这些滑稽有趣的人物，也让我想起了曾经和爷爷在茶馆喝茶的情景。

——俞静

第九课　童年趣事

回忆童年的有趣故事，学习运用纸版画表现童年美好的回忆。

童年是春天和风里的纸鸢，漫天飞舞；童年是夏日树梢上的知了，聒噪悦耳；童年是秋天夜空中的繁星，数不胜数；童年是冬日暖阳下的雪人，神采各异。任海佳小朋友用剪贴法创作的童年玩伴，生动地展现了小树林边滚铁环游戏的快乐瞬间，画面中传达着孩子们天真无邪的童真，恍若也带着我们飞向了无忧无虑的童年。

秋庭戏婴　中国画　（北宋）苏汉臣

滚铁环

说一说

在童年的记忆中，你还有哪些美好有趣的故事？

小·提示：

　　先用牛皮卡纸创作出自己喜欢的童年趣事人物，然后再进行拓印，背景可选用多种方式进行装饰，如麻布做肌理、纸版刻字等。

踢毽子

跳马

学习建议：

　　学习创作童年趣事的人物，注意动态夸张有趣。

吹泡泡

①创作主体人物。　②创作场景及辅助人物。　③人物和场景疏密组合。

学生作品

围墙上的猫咪

绳舞飞扬

评价建议：

1. 唤起童年的美好回忆，学习用纸版创作童年趣事中各种各样的人物。

2. 尝试通过画面进行活动场景的添加，回味童年幸福的生活。

童言童语

第一次独自创作一张纸版画大作，心中的那份骄傲与激动更平添了我对纸版画的那份兴趣。此时的我正如自己作品中的童年生活，是那样地快乐，这份快乐将伴随我悄悄走进纸版画的世界。

——温永海

跳马

第十课　江南民居

　　江南民居，雅致、古朴的建筑风格，沉淀了江南水乡几千年来的文化底蕴。每一堵墙，每一片瓦都传达着、散发着江南恬静的意象。周依婷和徐家宜小朋友用干印法表现了江南民居的层次感，更传递出墙的斑驳、瓦的残韵。让每一个空间都映射出历史的痕迹，诉说着自己的故事。

江南民居

讨论角

　　你能感受江南民居别样的韵味吗？和同伴交流一下你的想法。

步骤

①剪出瓦当形状。

②创作瓦当图案。

③组合黏贴。

小·提示：

　　创作瓦当时，注意图案与瓦当形状的协调。

④涂上黑色颜料。

⑤干透后擦金粉。

学生作品

学习建议：

　　1. 观察身边的瓦当，发现其造型特征。

　　2. 用纸版粘贴的方法创作富有意义的瓦当作品。

29

①剪出江南民居的基本形状。

②剪出门窗、瓦片等细节。

③组合完善作品。

童言童语

　　一幢一幢的小房子高低错落地拼摆起来，看着和同学一起创作的作品，感觉好极了，真的很想住进这样有诗意的空间。

　　　　　　——金皓

小·提示：

　　可以以小组合作的方式拼贴组合民居作品，注意块面的疏密对比。

学生作品

评价建议：

　　1. 欣赏民居上的瓦当构件，感受瓦当图案的寓意。

　　2. 用纸版画的形式创作一个富有意蕴的瓦当。

　　3. 学会用纸版拼贴，干印的方式创作，表达民居斑驳的质感。

　　4. 尝试小组合作的方式创意组合江南民居大场景，表达民居的层次和意境。

第十一课　一草一木

植物系列

大自然的植物，种类多样，有单株、多株之分，造型各异，层次丰富。曹佳怡小朋友创作的《植物系列》，让我们感受到了植物世界的多样和精彩。黑白相间的色彩，形成了鲜明的对比，表现得清新雅致。植物各异的姿态，有的低头，有的生长，有的聚集，有的开放，充分展现了植物在大自然中的生长形态，小朋友通过版画的线条和块面的结构，有效地表达了植物内在的生命力。

说一说

你认识生活中哪些植物呢？它们都长得怎么样的？

单叶黑白关系处理步骤

叶形白，叶脉黑

叶形黑，叶脉黑

叶形黑，叶脉白

种类

三角刀　　　圆口刀　　　平口刀　　　斜口刀

握刀姿势：自由把控刀锋方向，刻制自如都可以。

小·提示：
注意不要伤手。

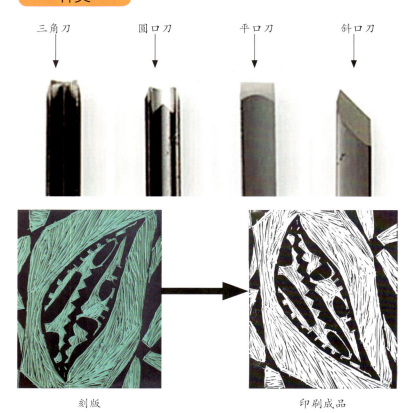

刻版　　　　　　　印刷成品

学习建议：
学会正确的握刀姿势，并能完成简单的单叶黑白版画效果。

小·提示:

1. 单株植物要关注每个部件的黑白关系的对比。
2. 多株植物要关注每一组植物之间的前后层次关系。

单株植物

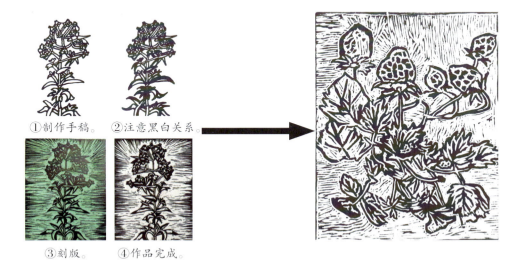

① 制作手稿。　② 注意黑白关系。

③ 刻版。　④ 作品完成。

多株植物组合

彩色做底

学生作品

童言童语

在胶版画的创作中，我认识了很多大自然的植物，每每见到各种植物，我总会情不自禁地靠近它，观察它，欣赏它。

——曹佳怡

① 准备白纸，定位。

② 进行刷色。

评价建议:

1. 初步掌握胶版画创作中黑白关系的处理方法。
2. 能简单用版画创作表现的一草一木。
3. 从写生——版画创作来形成多株植物表达，展现它的生长姿态。

第十二课　动物世界

黄佳怡小朋友创作的作品《奔跑的大象》，气势磅礴，生动形象，她用三角刀刻画了大象大腿和大耳朵，展现了大象在奔跑时的状态，坚挺的线条表达大象的力度和速度；长鼻子上的皱纹用圆口刀刻画，圆润的线条有皮肤的感觉，背景用粗壮的平口刀来刻制，留下的痕迹斑驳而粗犷，传递出大象的力大无比。小作者巧妙地运用了版画的刀法，展现大象的生命姿态。

奔跑的大象

说一说

你认识的动物都有哪些性格特征？

34

不同刀痕的线条排列法

規则排线法   不規则排线法

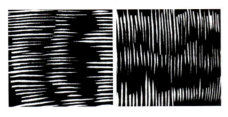

用三角刀刻出细细的线条。

用圆刀刻出柔美的线条。

小·提示：

　　不同的线条排列组合，如：长短、粗细、方向、疏密等变化，都能表达不同的艺术效果。

想一想

这幅《凶猛的老虎》都用了哪些刀法？线条又是怎么排列的呢？

小·提示：

　　抓住动物特征，通过不同的线条排列方式来表现。

狮王咆哮

雄鹰高飞

远望

学生作品

学习建议：

　　初步学会用不同刀法、线条的不同排列组合来表现动物。

与动物生活场景的组合，表现一定主题的作品。

心心相息

欢跃

温馨时刻

飞不了的天鹅

评价建议：

1. 回忆动物生活的场景，表现动物不同的故事情节。

2. 选择合适的刀法和线条组合，表现富有情感意识的动物世界。

童言童语

动物世界是温存浪漫的，我用圆口刀表达平静、圆润、甜蜜的感觉，使画面更具意境和情感。

——应杨鸿

第十三课　我爱读书

能创作出具有个性的藏书票，表现喜爱读书的乐趣。

书籍是人类进步的阶梯，是人生成长中最亲密的朋友。徐欣妍小朋友创作的《我爱读书》，展现了爱读书籍的小朋友的学习场景。瞧！有的正津津乐道地享受书中的乐趣，有的正细细寻找自己喜爱的书籍，有的时不时跟同伴轻轻分享书中有趣的情节。画面通过黑白的强烈对比，构架了读书时静谧的场景。细腻的刀痕有序地排列，渲染了图书馆中同伴们学习的投入。从人物的专注状态中，展现小作者爱读书的乐趣。这样的一张藏书票，将带给小作者无穷的精神力量。

我爱读书

说一说

你去过的图书馆是怎么样的？你喜欢阅读怎样的书籍？

说一说

分享一下你家书房一角是怎样的？说说你在书房中是如何学习的？

37

藏书票的基本构成

拉丁文

图案

作者　日期

藏书票内容中文字与图案的排版形式

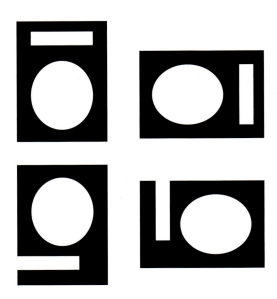

想一想

你还能怎样排版呢?

学生作品

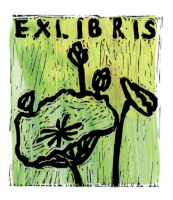

小知识:

　　藏书票艺术起源于15世纪下半叶的欧洲,至20世纪发展为繁盛时期,日前已逐步扩展到亚洲、澳洲、北美洲等地区。欧洲最早的藏书票是用木板刻制的。藏书票可说是版画创作的一个分支,因为它是与版画艺术共同发展的,深受各国收藏家和广大爱好者的喜爱和欢迎。

学习建议:

　　1.认识藏书票的基本构成。
　　2.用自己喜欢的艺术形象创作成藏书票。

创作步骤

①用手绘稿描绘读书时的场景。　②进行适当的取舍，强调读书的情趣。　③在胶版上刻制读书时的场景。　④完成印制，作品呈现。

学生作品

绿荫下的朗朗声

评价建议：

1. 掌握藏书票的基本构成。

2. 通过取舍，确定主题，表达读书时的专注与乐趣。

3. 根据自己的读书爱好，创作一枚表达读书乐趣的藏书票。

童言童语

　　我很喜欢自己的书房，它是我的一个私密小天地，因为书架上有很多我爱看的书。

——鲁佳依

我的书房

第十四课　一年四季

江南水乡的风景优美如画，应杨鸿小朋友创作的《小桥流水人家》，体现出远景、中景、近景的三大层次，树木的黑色块面与近景中湖水的黑白相间的细线条形成鲜明的对比。小朋友大胆概括自然中的物象，使物象之间产生形式语言对比，具有鲜明的版味，近处的树用粗犷有力的面呈现，远处的建筑则通过简单的线条概括提炼，画面的空间感就在这黑白对比中展现。

小桥流水人家

四季风景

春

夏

秋

冬

说一说

一年四季各有哪些特点？你最喜欢哪个季节的风景？

40

如何用版画的形式来表现单个景物的空间？

小·提示：

　　黑白对比、块面的细致和简练的对比等方式来形成景物的空间。

春之塔

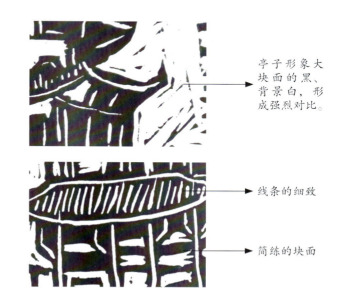

亭子形象大块面的黑、背景白，形成强烈对比。

线条的细致

简练的块面

学习建议：

　　1. 了解四季的特点，用版画的黑白关系等表现景物的空间。

　　2. 选择自己喜欢的季节，以单个景物特写的方法来表达对季节的感受。

夏夜

冬日暖阳

通过线条的疏密感、块面的大小以及主次的繁简关系来表现景物的空间。

近景：桥和亭刻画细致，线条厚实。中景：树林，以块面为主，线条简化。远景：天空，以白为主，简化形象。

学生作品

庭院深深

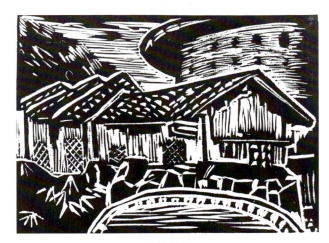

民间竹楼

童言童语

我很喜欢家乡的风景。一年四季，变化丰富。上学放学，我都特喜欢走在林间小道上，静静地听鸟儿的歌唱，感受两旁的独特风光。我选择细腻的刀法，展现江南水乡的宁静和诗意。

——费欣雨

城中小镇

了解木版年画，掌握制版方法及填色。

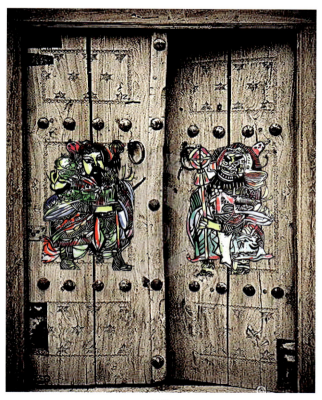

门神

门神是农历新年贴于门上的一种年画的典型形象，作为民间信仰的守卫门户的神灵，用以驱邪避鬼、卫家宅、保平安、助功利、降吉祥等，门神是中国民间深受人们欢迎的守护神。小朋友创作的这组门神，通过民间五色呈现门神的色彩，用现代的绘画语言，生动地表现孩子心中的门神，有趣而稚拙，在传统中纳入现代意识，使门神的形象与时俱进，并将它贴在自家的门上，作为自家的守护神，更是新年祈福的一种表达方式。

山东潍坊杨家埠年画

小·知识：

门神，即司门守卫之神，是农历新年贴于门上的一种画类。按照传统习俗，每到春节前夕，家家户户便忙碌起来，贴对联和门神，祈福来年。

木版年画是中国历史悠久的民族传统民俗文化艺术形式，有着一千多年的历史。年画中门神的历史最为悠久，早在汉代就已经出现了"守门将军"的门神雏形。

民间艺人制作木版年画

说一说

过春节，家家户户还有贴门神的习俗吗？它带给你怎么样的感受？

制版

①手绘门神。

②在胶版上绘制，并进行黑白关系的处理。

③在胶版上刻制。

④沿着外轮廓剪下来。

学生作品

学习建议：

　　掌握活版制作方法，尝试创作单个黑白门神。

填色　利用民间五色来进行填色，表现不同的人物性格。

①水彩颜料填色。

②马克笔填色。

学生作品

评价建议：

1. 学会一种自己喜欢的填色方法，为黑白胶版门神上色。

2. 将多个门神组合，完成一幅有主题意义的作品。

童言童语

　　我奶奶家每到过年的时候，门上都会贴上两个门神。为了祈福新的一年的美好生活。我特喜欢门神的霸气。今天用版画来创作，我特有感觉。

——郑启业

45

第十六课　老邱面馆

徐学超小朋友创作的《超哥与面条》，是生活中面馆情境的再现。他用夸张的手法表现了画中主人公歪歪斜斜的脑袋、大大的嘴巴，形象地刻画了吃面时的有趣姿态。四个面点师傅作为画面背景的内容，动态各不相同，表现出忙碌的情形。为整个作品增添了情趣。黄紫色调将作者冷幽默的画风体现地淋漓尽致，黄色的块面成了画面的关注点，尽显小朋友的用心和用意。

说一说

面馆给你的印象是怎样的？人们在吃面的时候有什么特点呢？

想一想

你去过的面馆有什么特点？你还记得吃面时的模样吗？和同伴交流一下。

1. 人物动态的把握（以特写为主）。
2. 面馆的特点的呈现（如：面条、"面"文字等等）。

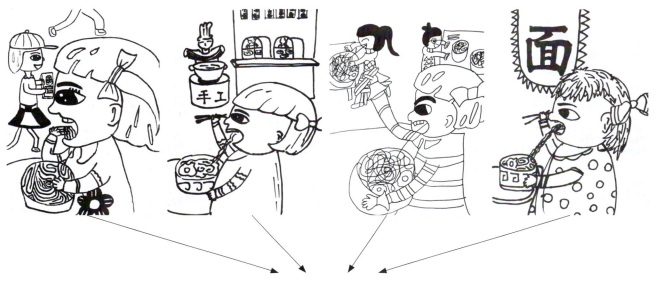

同一主体，创作不同背景内容，体现不同的意境。

创作过程

①选定手稿。

②刻版。

③印制完成。

学习建议：

1. 用局部造型表现的方式，创作吃面的人物。
2. 简化场馆的特点，表达吃面时情境。

47

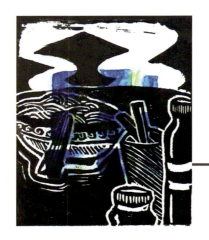

说一说

1. 仔细观察，下面两幅版画作品有什么联系吗？
2. 跟你的伙伴分享一个有关于面馆里发生的有趣事情。

美味的面条

学生作品

面馆风波

面馆囧事

面馆轶事

评价建议：

1. 学会表现面馆中人物的动态特点。
2. 尝试创作一幅与面条有关的连环画作品，展示面馆中的生动故事。

童言童语

我从小就喜欢吃面，所以爸爸妈妈经常带我去各种面馆品尝。走进面馆，那种浓浓的香味，扑鼻而来，真是让我馋涎欲滴啊！今天用连环画的形式生动地表达了吃面的轶事。

——王轩昂

第十七课　我的绘本

人猫争鱼

世界上的每一部经典绘本都会给孩子们带来意想不到的惊喜，绘本也成了孩子启蒙学习的重要载体，因为其图文并茂的特点引发孩子学习的兴趣。徐学超小朋友创作的《人猫争鱼》，就是绘本的一种表现形式，其以幽默风趣的视角，展现了人猫争鱼的搞笑氛围。背景中褐色与白色的有机结合，表现了夜晚月光投射进屋里的影子，用黑白分明的块面凸显了人与周围环境的关系，用多幅画面连续讲述故事的进展，具有一定的情趣性和层次性。

留住这一刻

小·知识：

绘本连环画是通过多幅画面完成的，并且每个画幅之间的内容有连续性，具有一定情节的作品。

说一说

跟你的伙伴分享一下生活中有哪些印象深刻的事情？将生活中的趣事编一个小故事吧！

同一主题大场景创作步骤

同一主题，可以通过局部表达，也可以通过全景描述，所展现出的艺术效果是不一样的。凸显的主题意义也是不同的。

①《聚餐》大场景（手稿）。

②《聚餐》大场景的表达（刻版）。

③《聚餐》大场景表达的作品。

局部场景的表达

①《聚餐》局部场景的刻版。

②《聚餐》局部场景表达的作品。

学生作品

九彩龙

消防在我心中

妈妈，我帮你

学习建议：

　　1. 与同伴分享自己的一件趣事。
　　2. 用局部或大场景创作单幅绘本故事的场景。

50

多幅作品的绘本连环画创作

手稿

①勾勒故事情节。

②进行黑白处理。

③选择刀法，刻版表现。

④印制、装裱。

钱在手心

糖果的诱惑

牙齿风波

童言童语

能把我自己生活中的趣事用版画的形式表现成小故事，我感觉很有意义。这可是我的美好回忆哦！

——王瑶

评价建议：

1. 创作多幅画面组合成一个小故事，注意黑白关系。

2. 将自己创作好的小故事分享给大家。

第十八课　童画童话

抓住童话故事中人物特点，设计不同的人物形象，用多幅连环表达故事情节。

阿拉丁与神灯

阿拉丁与神灯

　　《阿拉丁与神灯》的童话故事是孩子们喜欢的内容。它主要讲了阿拉丁拿到神灯后。向灯神许了个愿望，要给他找一个美丽的妻子的故事，内容情节跌宕起伏，人物性格生动鲜明，徐学超小朋友创作的版画连环画《阿拉丁与神灯》，形象地展现了人物的个性，画面语言简练、夸张，多以特写的方式展现故事情节的变化，人物的表情变化多端，展现了故事发展中人物的心理特征。黑白的强烈对比与现代性的卡通形象，凸显了小朋友敏感的视觉感知。这是孩子心中的童话场景的最真实写照。

说一说

　　你看过哪些经典童话故事？你喜欢经典童话中的哪些形象呢？

童话故事中人物形象及动态的设计

小·提示：

　　同一个人物形象，不同视角下的艺术形象设计，注意五官特征的把握。通过动态的变化可以表现人物在场景中的情绪特征。

小·提示：

　　场景添加时，注意主次的对比，把握黑白关系。场景宜简，把握特征。

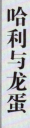

哈利与龙蛋

学习建议：

　　根据经典童话故事内容，设计主人公形象及不同的动态。也可尝试添加适当的场景，渲染人物形象。

从童话中选择精彩的片段，分四个画幅创作内容。注意画面之间的对比，有特写，有全景。

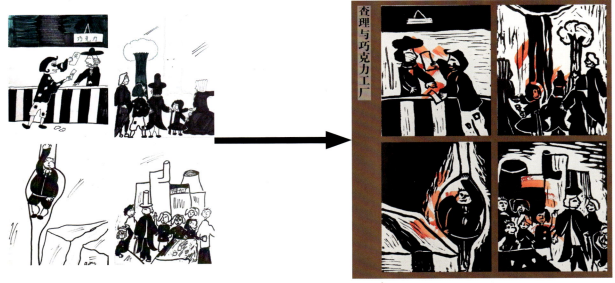

查理与巧克力工厂

童言童语

学生作品

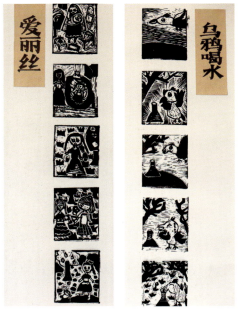

我特喜欢读童话故事书，将版画的形式表现童话中的精彩片段，这种体验太难忘了！一个人物的不同场景下的设计，还真有挑战啊！

——冯骏扬

评价建议：

1. 选择童话故事中精彩的片段，设计人物形象，体现人物性格。

2. 根据故事情节，通过多个画幅进行创作，展现主体与背景之间的对比关系。

第十九课　成语故事

拔苗助长

拔苗助长这则成语故事讲述了一位农夫为了使自己田地里的禾苗长得快，便将禾苗往上拔，结果禾苗反而快速地枯萎了。这则成语成为孩子们启蒙教育的重要题材，所以小朋友都很熟悉内容，小朋友创作的这幅《拔苗助长》，画面内容表达清楚，着重刻画了一位农夫戴着帽子，弯下腰拔苗的场景。刀法自然，在田地间的留痕，很好地展现了环境，错落有致。黑褐相间、块面为主的苗儿与线条表达的农夫形象形成对比。又与后面的山的体块构成了主次关系，画面很有意境。

伯乐相马　木雕

说一说

你还知道哪些形式来表达成语故事呢？

桃园结义　砖雕

掩耳盗铃　中国画

一个成语，创作多幅不同构思的画面。

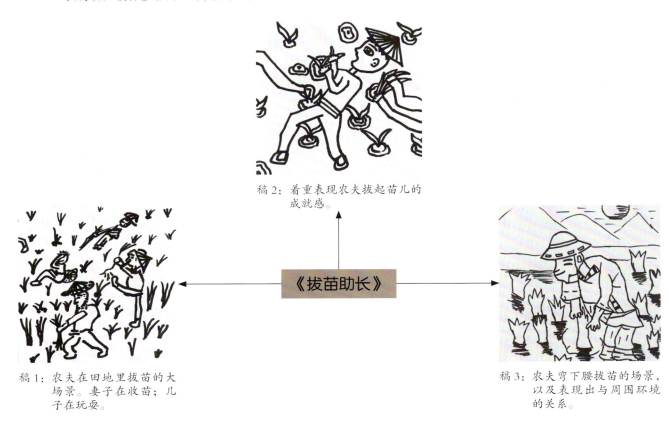

稿2：着重表现农夫拔起苗儿的
成就感。

《拔苗助长》

稿1：农夫在田地里拔苗的大
场景。妻子在收苗；儿
子在玩耍。

稿3：农夫弯下腰拔苗的场景，
以及表现出与周围环境
的关系。

根据上面三幅手稿，选择合适的一幅。

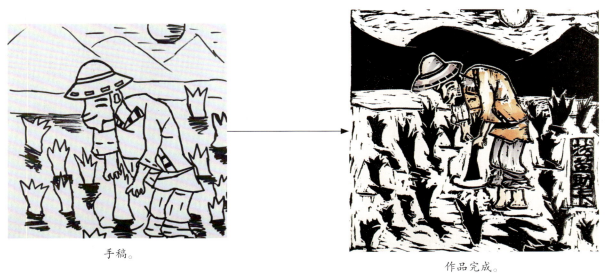

手稿。

作品完成。

1. 准备皮纸;　　2. 准备调色盘、刷色笔、颜料;　　3. 用喷壶喷湿皮纸;

4. 在胶版上刷色;　　5. 颜色上完;　　6. 将皮纸覆在胶版上;

7. 覆上旧报纸,用磨拓磨印;　　8. 将皮纸掀起;胶版上色;　　9. 作品完成。

杯弓蛇影

画龙点睛

自相矛盾

小·提示:

在色彩选择上要与成语故事的意境协调。

想一想

你觉得还可以用哪些纸材来创作胶版粉印呢?

井底之蛙

破釜沉舟

评价建议:

1. 选择自己喜欢的成语故事,与伙伴一起分享。

2. 用胶版粉印的方法创作一个成语故事。注意色彩与故事主题的协调。

童言童语　　我沉浸在色彩的世界中,超喜欢用大笔刷颜色的瞬间,在用皮纸印制时,期待着满满的惊喜。作品完成的那刻,我兴奋无比!　——徐学超

学习并掌握彩色底绘对版印刷，感受中华诗词意境之美。

孤舟蓑笠翁，独钓寒江雪。

中华诗词是中华优秀传统文化的精髓，是每一个中华儿女必读的经典文章。所以在阅读理解时，不仅能用文字表达意义，还可以将美好的情感与美感融为一体。正如韦育畅小作者创作的《孤舟蓑笠翁，独钓寒江雪》这幅版画作品，将细线条作为芦苇，黑色块面作为船的倒影。线条与块面的融入，体现了版画的黑白关系。蓝白相间的色调体现了冬季寒冷的天气。简练的线条勾勒的老渔翁，体现人物与江面的强烈对比，从中很好的凸显了人物在画面的主体性。画面的冷色调，主体形象的简练，都生动地再现了孤寂、寒冷的意境。

想一想

你学过哪些古诗呢？请跟你的伙伴一起分享一下。

说一说

不同的艺术形式，表现的同一个诗词，各有什么不同？

寒江独钓图　马远

慈母手中线

理解"慈母手中线"的意境（手稿）。

慈母手中线的表达（刻版）。

慈母手中线表达的意境。（作品）

游子身上衣

理解"游子身上衣"的意境（手稿）。

游子身上衣的表达（刻版）。

游子身上衣表达的意境（作品）。

慈母手中线，
游子身上衣。

理解"慈母手中线，游子身上衣"的意境（手稿）。

表达"慈母手中线，游子身上衣"的意境。（作品）

学习建议：

1. 选择自己喜欢的诗句，理解其含义。

2. 根据诗句的特点，创作一幅具有诗意的胶版作品。

彩色底绘对版印刷

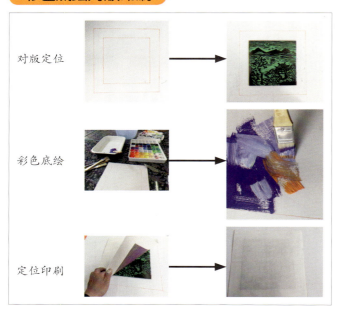

对版定位

彩色底绘

定位印刷

评价建议：

　　1. 学会彩色底绘对版印刷。

　　2. 选择自己喜欢的诗句，创作一幅胶版画。

　　3. 选择合适的色彩，制作底版，表达诗句的意境。

印制步骤

1. 将纸置于胶版上。　　2. 覆上报纸，用磨拓印制。　　3. 也可用勺子背面磨印。　　4. 将纸掀起，作品完成。

学生作品

一叶渔船两小童，
收篙停棹坐船中。

春色满园关不住，
一枝红杏出墙来。

雨里鸡鸣一两家，
竹溪村路板桥斜。

锄禾日当午，
汗滴禾下土。

童言童语

　　我为自己喜欢的诗句，创作了有趣的画面，通过体验创作，让我对中华诗词有了别样的认识。

——鲁佳依